Et de trois !

Du même auteur

C'est pas la taille du texte qui compte
Books on Demand, 2016

Le journal de Lucas
Books on Demand, 2019

Philippe Myoux

Et de trois !

Books on Demand

Edition : BoD - Books on Demand
12/14 rond-point des Champs Elysées
75008 Paris

Impression : BoD – Books on Demand, Norderstedt

ISBN : 978-2322-40044-7
Dépôt légal : Janvier 2022

31 mars 2021, 20 heures.

Énième allocution d'Emmanuel Macron depuis le début de la pandémie de Covid-19, un an plus tôt.
Sans surprise, sont annoncées de nouvelles restrictions sur toute la métropole.
Un troisième confinement qui ne porte pas son nom, nettement plus souple que ses deux grands frères, mais avec le maintien du couvre-feu à 19 heures déjà en place.

Les principales mesures : déplacement pour tout motif sans limitation de durée jusqu'à 10km, déplacement limité à son département ou à 30km pour les affaires courantes, unification des vacances scolaires sur les trois zones, fermeture des commerces dit non essentiels...

Au lendemain de ces annonces, je décide d'écrire chaque jour un texte, inspiré par un titre en une d'un quotidien national ou régional.

« Et de trois ! », mon troisième livre écrit pendant ce troisième confinement, vous présente chacun de ces 32 textes.

Jeudi 1er avril

<u>Les unes du jour</u>

Encore un effort - Un jour sans fin - Tour de vis pour tous - Dernier confinement - Le mois d'avril sous cloche - Reconfinement : le poison d'avril - École, collège lycée : on ferme - Prison d'avril - Sans fin - Le dernier effort

<u>Le texte</u>

Encore, encore, encore
De l'espoir dès l'aurore
De la vie dans nos corps
De l'amour par tous les pores

Encore, encore, encore
Allez, un dernier effort !
Ensemble, juniors, seniors
Allez, l'égoïsme, dehors !

Encore, encore, encore
En avril on sera forts
En mai on sera conquistadors
En juin, bamboche au vin de Cahors

Encore, encore, encore
De l'espoir dès l'aurore

Les unes du jour

Les familles encore chamboulées - à l'heure de l'essentiel - le casse tête d'avril - La grande débrouille - Ce qui nous attend - Marmot boulot dodo

Le texte

C'est le mois d'avril, pauvre de moi
Un mois difficile, je n'en veux pas
Proposer « l'essentiel », c'est tout ce qu'il a
Ni fête, ni voyage, c'est comme ça

Le mois d'avril, on le dit
N'aime pas visiter ses amis
Il préfère passer des coups de fil
Et faire la liste de ce qui est utile

Mais bientôt le joli mois de mai
Le mois qui plaît, qui fait rêver
Et encore c'est presque rien
Comparé au soleil de juin

Les unes du jour

Le nouveau confinement commence dans la confusion - Prêts à tout pour être vaccinés - Face à la troisième vague - Pâques : la tradition un peu bousculée - Pâques : l'évêque appelle à l'espérance - Chocolat, la valeur refuge

Le texte

C'est le week-end Pascal !
Ramène ton pack de bières
Oublie les chocolats chauds au coin du feu
On ne va pas faire une croix sur la fête
Se mettre sous cloche
Se coucher avec les poules
Comme de doux agneaux
Pas de lapin entre nous
Pour être plein comme un œuf

Les unes du jour

S'oxygéner en 10km - Pâques malgré tout - Ces dernières heures avant le tour de vis - Le chocolat fait recette - La nouvelle vie des vaccinés

Le texte

Je m'appelle 123734, Brandon pour les intimes. Comme mes milliers de frères et sœurs, je suis né au Vietnam. Nos parents sont suédois.

Depuis un long voyage en bateau, je vis en France avec une vingtaine de frères et sœurs. Nous avons été emballés dans un petit sachet en plastique puis dans le carton d'une bibliothèque Flinkïe.

Comme on s'appelle tous 123734, nous nous sommes donnés des prénoms de feuilletons américains, ça nous faisait marrer : Brenda, Dylan, Dawson et donc Brandon. Une exception, Gaston, on l'aime pas alors on a voulu l'emmerder et qu'il ne soit pas comme nous.

Malgré les conflits avec Gaston, on a passé des moments formidables tous ensemble ! On a chanté, on s'est raconté des histoires, on a fait des quiz. La belle vie !

Tous ces moments me manquent. En effet, depuis quelques jours nous sommes dans notre résidence définitive, chez un sympathique couple lyonnais. Oh je ne me plains pas, je suis bien installé côté fenêtre, je vois le soleil régulièrement, mai si j'avais su, j'aurais mieux profité de ces dernières heures avant le tour de vis.

Dimanche 5 avril

<u>Les unes du jour</u>

Les deuxièmes lignes fidèles au poste - La vie reprend dans les EHPAD - Restaurant : l'espoir ? - Les cagnottes ont du cœur - Menace d'attentat à Montpellier : cinq femmes arrêtées à Béziers

<u>Le texte</u>

C'est le printemps
La vie reprend
L'espoir revient
On se sent bien

Le temps d'une saison
On retrouve la raison
L'audace de la joie
Et une légèreté en soi

Quand l'hiver reviendra
Si dans nos cœurs il fait froid
Osons l'audace de la joie
N'attendons pas de long mois

Mardi 6 avril

Les unes du jour

Vaccination : quels sont les freins - Le retour de l'école à la maison aujourd'hui - Le gendarme fait-il encore peur - Il ont perdu l'odorat - AstraZeneca : le mal-aimé - Comment se faire vacciner plus vite

Le texte

J'ai besoin qu'on m'aime
Mais personne ne me choisit
Qui pourrait me dire pourquoi on me fuit ?
J'ai bien peur pendant la pandémie
D'être sans cesse incompris
Car aujourd'hui, je me sens mal aimé
Je suis le mal aimé
Les gens me connaissent
Tel qu'on a voulu me montrer
Mais ont-ils cherché à savoir
D'où viennent mes super-pouvoirs ?

Et pourquoi ce désespoir
Caché au fond de mon flacon ?

Si les apparences sont quelquefois contre moi
Je ne suis pas ce que l'on croit
Contre la péremption de chaque jour
J'échangerais demain la joie d'être un recours
Mais je suis toujours un mal aimé

Car je suis mal aimé

<u>Les unes du jour</u>

Des dîners trop riches - École à la maison : le big bug - Covid : ceux qui défient la loi - Arboriculture : des bougies contre le gel - Euthanasie : Quel est le choix de vos élus ?

<u>Le texte</u>

Quand arrive un big bug
C'est pas vraiment la teuf
On devient alors un thug
Prêt à insulter les keufs

Nous on préfère les big bisous
Visiter Big Ben au mois d'août
Écouter un big band en Louisiane
Manger un Big Mac à Manhattan

Les big bangs oui !
Les big bugs non !

Jeudi 8 avril

Les unes du jour

Euthanasie : un débat bien vivant - Le vignoble de l'Anjou frappé par le gel - Covid : les « oui mais » du mois de mai - 8 raisons de manifester - A bout de souffle - Rendez-nous le printemps !

Le texte

8 raisons de manifester :

-Revendiquer un revenu universel de 3 tablettes de chocolats et un grand pot de glace par mois
-Obtenir, pour une vie plus festive, la modification des couleurs des feux de circulation : arc-en-ciel/étoilé/stroboscope au lieu de rouge/orange/vert
-Exiger que « Les sardines » soit notre hymne national
-Avoir un jour de congé supplémentaire après chaque week-end pluvieux
-Bénéficier à moins de 5km de chez soi d'un feu d'artifice tous les soirs
-Permettre à chaque français, selon tirage au sort, d'avoir La Joconde à domicile pendant une journée
-Réclamer 20° minimum tous les jours sur toute la France
-Demander que les départements français soient renommés par les noms des 101 Dalmatiens

Vendredi 9 avril

<u>Les unes du jour</u>

L'ENA est morte, vive l'ENA - Mineur et vacciné - Quand l'hiver s'attaque au printemps - Canapés : ventes en hausse et recrutements - Le jeu des 10 bornes - Déclaration de revenus : c'est parti !

<u>Le texte</u>

Je déclare que je suis revenu
D'un voyage à Honolulu
J'ai photographié les plus belles vues
Les meilleurs cocktails j'ai bu

Je déclare que suis parti
Pour une croisière sur la mer d'Ibiki
J'ai photographié des clichés, des sushis
Et goûté des cocktails au litchi

Je déclare que je reste là
Là où le vent ne me mène pas
Mais où mon envie choisira
Là où la mise au point de ma vie se fera

Samedi 10 avril

<u>Les unes du jour</u>

La Reine perd son prince - Le prince Philip, une vie au service de la couronne - Le prince Philip, époux de la reine Élisabeth, est mort à 99 ans - Enquête sur les forçats de la livraison - Que faire à 10km à la ronde - Sinistrés par le gel - AstraZeneca : le casse-tête de la deuxième dose

<u>Le texte</u>

Le Prince qu'on sort
D'un placard trop haut
Du haut de ses huit ans

Le Prince qu'on sort
D'un paquet trop petit
Pour son énorme appétit

Le Prince qu'on sort
Pour goûter la vie
Quand l'école est finie

Le Prince qu'on sort
Tout juste arrivé à la maison
En dévorant la télévision

Le Prince qu'on sort
Pour se créer des souvenirs
A l'âge où tout est à découvrir

Les unes du jour

Report des élections : les maires partagés - Régionales :
consultés, les maires s'agacent - Des soirées clandestines
toujours plus assumées - Gel : Jean Castex promet des
aides exceptionnelles - Y aura-t-il des autotests en
pharmacie ?

Le texte

Je je, suis clandestine
Une soirée privée
Je je, trouve les lois anodines
Je fais ce qui me plaît

La soirée masquée
Ça sera après le dîner
La priorité c'est le risotto truffé
Et son champagne millésimé

Je je, suis clandestine
Un restau privé
Je je, trouve les lois mesquines
Je fais ce qui me plaît

Puisque je vous dis que je suis privé
Privé de public mais pas d'invités
Puisque je vous dis que je suis privé
Privé d'intelligence et de liberté

<u>Les unes du jour</u>

Pièces détachées : pourquoi les prix flambent -
Entreprises : ce qui freine la reprise - Vaccination ouverte
à tous à partir de 55 ans - Retard sur les autotests - Nos
idées pour s'évader

<u>Le texte</u>

Pour s'évader d'une maison d'arrêt
D'arrêt d'activité et de festivité
Pas besoin d'une cellule de crise
Ou d'un ténor du barreau

Pour s'évader des tensions
Regardons plus loin que le parquet
L'humeur mutine et l'esprit captivé
L'instant présent pour seul mirador

Pour s'évader de ses peines
Et laisser ses angoisses aux oubliettes
Libérons notre imagination
Sans condition mais avec préméditation

Les unes du jour

Maintien des élections : l'exécutif vote pour - L'autotest en route -Les circuits courts plébiscités - Royaume Uni : c'est ouvert ! - En Haïti, le chaos sécuritaire

Le texte

Une nuit sur la Terre
Regarder la Lune en solitaire
Apprécier ce moment ordinaire
Loin des mondes imaginaires
Et des paysages d'outre-mer
A la simplicité être ouvert

Un jour sur la Terre
Regarder le ciel bleu en solitaire
Apprécier ce moment ordinaire
Loin des barrières imaginaires
Et des contraintes qu'on tolère
A la liberté être ouvert

Le jour et la nuit sur la Terre
A ses envies être ouvert

Mercredi 14 avril

Les unes du jour

Paris unique face à Munich - Nous voterons les 20 et 27 juin - Faut il filmer les procès ? - Vaccin : ils traquent les doses restantes - Circulation du virus : coup de frein dans l'Aube

Le texte

Un coup de frein à l'aube
À Troyes, à quatre dans une voiture
Au petit matin d'un lendemain
D'un jour qui ne s'est pas terminé

Un coup de frein à l'aube
Sur un parking abandonné
Regarder le jour se lever
Partager le petit déjeuner

Un coup de frein à l'aube
Bien démarrer la journée
Puis redémarrer le moteur
Suivre son chemin commun

Jeudi 15 avril

Les unes du jour

Le bien-être ne se confine pas - Notre Dame de Paris : le début de la résurrection - A J-100 nos espoirs pour les JO de Tokyo - Le blues des ados - Ligue des champions : des bleus à l'horizon

Le texte

Voyons la vie en bleu

Non pas les bleus des ecchymoses
D'une vie qui nous boxe hors compétition

Non pas les bleus de travail
D'une vie bien trop laborieuse

Mais le bleu des fromages persillés
D'une vie gourmande

Ou celui du ciel des beaux jours et des mers calmes
D'une vie douce et apaisée

Vendredi 16 avril

<u>Les unes du jour</u>

Commerces, terrasses, musées : le calendrier des réouvertures - En terrasse mi-mai ? - 100 000, un nombre, des morts - Salle de sports : à bout de souffle - Matières premières : l'ombre de la pénurie

<u>Le texte</u>

A bout de souffle
Tous les jours de sa vie
Des difficultés qu'on camoufle
Un quotidien de survie

A bout de souffle
Quand tout demande effort
Des difficultés qu'on camoufle
Aussi bien que ses torts

A bout de souffle
Du haut de la montagne
Une vue qui époustoufle
Un instant qui gagne

A bout de souffle
Du haut d'un gratte-ciel
Une vue qui époustoufle
Un instant essentiel

Les unes du jour

Qatar 2022 : le boycott gagne du terrain - Santé : douloureuses déprogrammations - Après un an de fermeture : l'ennui sans la nuit - Festivals : le grand flou

Le texte

Un matin chagrin
Un déjeuner en paix
Un soir d'espoir
Une nuit d'ennui

Drôle de baromètre que celui de la vie
Qui ne veut pas rester au beau fixe
Drôle de thermomètre que celui de la vie
Qui annonce trop souvent la fièvre, les ennuis

Une tempête tropicale
Qui détruit la routine
Avant de reconstruire
Une sérénité transformée

Drôle de météo que celle de la vie
Mais une seule prévision à retenir
Après la pluie, le beau temps

Dimanche 18 avril

Les unes du jour

Le chagrin de la Reine - Silence, on danse : des danseurs casqués pour une boum silencieuse - Bientôt la fin de l'argent liquide - Le jardin, valeur refuge - Confinés, ils se sont trouvé une passion

Le texte

Silence, on danse
On bouge, on avance
Bien sûr à distance
Sous un air de romance

Ne cherchez pas de doléances
De critiques de la gouvernance
Simplement une espérance
Une sensation d'omnipotence

Silence, on danse
Comme une évidence
Pour une vie intense
Une recherche de clairvoyance

Les unes du jour

Restaurant : cette fois ils se préparent - Déprogrammations « le covid doit être soigné, mais moi aussi j'ai besoin d'aide » - Football : la guerre des riches - Comment s'adaptent nos festivals de l'été - Le confinement : le bonheur est dans le près

Le texte

Le bonheur est dans le près
Près du cœur, près des autres
Prêt du cœur, prêt des autres

Le bonheur est parfois plus loin
Loin de soi, loin des proches
Mais loin d'être inaccessible

Le bonheur est où on veut, où on peut
Ici, à deux-pas ou là-bas
Peu importe, l'essentiel est ailleurs

Mardi 20 avril

<u>Les unes du jour</u>

Football coupes d'Europe : nous sommes les champions - Une Superligue à renverser - Le stade suprême du foot business - Déconfinement : le 15 mai, vraiment ? - Les restaurateurs font comme si

<u>Le texte</u>

Nous sommes les champions
A la recherche de millions
Non pas d'euros dérisoires
Mais de douces victoires

Nous sommes les champions
Heureux de ces jolies émotions
Trouver son Graal personnel
Aimer sa vie et son sel

Nous sommes les champions
La foule sentimentale de Souchon
Dans les yeux des étoiles
Des choses fondamentales

Les unes du jour

C'était le 21 avril 2002 : ce qui a changé depuis le
« séisme » - Thomas Pesquet : il a déjà la tête dans les
étoiles - Ça c'est le football - Pourquoi le covid dérègle nos
vies

Le texte

Il a les pieds dans l'herbe
La tête dans les étoiles
Et l'esprit qui divague
Sur l'océan de ses pensées

Quelques secondes
Un instant, une respiration
Un moment suspendu
Une légèreté retrouvée

Jeudi 22 avril

Les unes du jour

Restrictions : l'horizon s'éclaircit - Déconfinement :
vivement le mois de mai - Levée des restrictions en mai :
encore un peu de patience - Le départ de Thomas Pesquet
reporté - La pétanque c'est la vie

Le texte

Être impatient à domicile
Plutôt que patient d'Hippocrate
Ne plus savoir ce qu'on attend
Attendre de ne plus attendre

Encore un peu de patience
Aujourd'hui c'est espérance
Demain sera délivrance
Et peut-être même renaissance

Les unes du jour

Pesquet : une star dans les étoiles - Thomas Pesquet : Le maître décolle - Un déconfinement sous condition - Une levée prudente des restrictions - Les Girondins au bord du gouffre

Le texte

Décoller de ses rêves
Prendre de la hauteur
Et se mettre en orbite
Pour faire tourner sa vie

Dans cette drôle de boîte
Qui se prend pour la lune
La légèreté de l'apesanteur
Et celui de son cœur

De là-haut, nous Terriens
Nous ne sommes vraiment rien
Petits comme des fourmis
Petits comme nos soucis

Samedi 24 avril

<u>Les unes du jour</u>

Une fonctionnaire de police tuée - Terreur au commissariat - La police frappée au cœur - Décollage réussi pour Thomas Pesquet - Marsannay-la-Côte : elle va produire son propre vin - Carros : une fête de la fraise adaptée aujourd'hui - Le boulanger de Franqueville est le champion de M6 : c'est bien lui le meilleur !

<u>Le texte</u>

Encore l'effroi
Encore l'horreur
Encore frappés

Décoller avec réussite
Se rapprocher des étoiles
En route vers l'Histoire

Produire son propre vin
Fêter les fraises du printemps
Être le meilleur boulanger

Nos vies sont des cocktails
Des mélanges d'événements
Tantôt tragiques, tantôt magiques
Souvent quotidiens et anodins

Des cocktails parfois amers
Adoucis par des petits plaisirs
Des cocktails parfois sucrés
Par de grandes victoires collectives

Et un jour tel un mixologue
On trouve sa recette
Celle du mélange parfait
Un cocktail nommé « Bonheur »

Les unes du jour

Les restaurateurs impatients - Quels lendemains pour la culture ? - Futurs mariés, mais quand ? - Football : les maîtres du jeu - Un avant-goût d'été

Le texte

Être maîtres du jeu
Plutôt que maîtres du je
Quasi un sport collectif
Une comédie humaine

Plus qu'un jeu, notre société
Pas de fin pour compter les points
Mais des perdants sur le chemin
Et des gagnants qui s'en lavent les mains

Être maîtres du jeu
Plutôt que maîtres du je
S'il y a des perdants
Pas de gagnant

<u>Les unes du jour</u>

Retour à l'école : déconfinement acte I - L'école trace la voie de la réouverture - Coupée du monde, la Corée du Nord menacée de famine - Limoges piste les variants - Les échecs pour mener la réussite

<u>Le texte</u>

Dialogue entre le ROI
Et une DAME

-Je suis FOU de vous
-Vous êtes un peu CAVALIER
-Ne montez pas dans les TOURS
-Vous n'êtes qu'un PION sur l'échiquier de ma vie.

<u>Les unes du jour</u>

La tragédie indienne - Loi PMA pour toutes : alors vous accouchez ? - Voitures : bientôt toutes bridées ? - Rouler vite, c'est vraiment fini - Les outils de jardinage se vendent à la pelle

<u>Le texte</u>

Prendre son temps
Aller doucement
Passer au présent
Profiter de l'instant

Regarder les champs
Les trouver apaisants
Les trouver envoûtants

Regarder les bâtiments
Les trouver impressionnants
Les trouver resplendissants

Regarder les gens
Les trouver amusants
Les trouver touchants

Prendre son temps
Vivre essentiellement
Vivre entièrement

Mercredi 28 avril

<u>Les unes du jour</u>

PSG-Manchester City : la nuit des étoiles - Des élections à ne pas bouder ! - Rouvrir mais comment ? - Face au covid et ses variants : l'été sera chaud

<u>Le texte</u>

Des constellations scintillantes
Compagnie des nuits d'insomnies
Elles guident nos obscurités
Et éclairent nos soirées festives
...Les nuits des étoiles

Les unes du jour

Covid 19 : une vie sans saveur - L'inégale répartition des vaccins - Appauvri par le covid - Entrevoir un espoir - Cinémas : ça va bouchonner

Le texte

Entrevoir un espoir
Derrière les serrures
Derrière les fenêtres
Derrière les portes

Qui ouvrent vers l'extérieur
Et son air rafraîchissant
Qui ouvrent vers les autres
Et les plaisirs partagés
Qui ouvrent vers nous-mêmes
Et nous libèrent

Entrevoir un espoir
Ouvrir les serrures
Ouvrir les fenêtres
Ouvrir les portes

Les unes du jour

L'avenir selon Macron - Le bout du tunnel - 3 mai, 19 mai, 9 juin, 30 juin : quatre étapes vers la LIBERTÉ - Les choix de Macron - Macron détaille son calendrier - 19 mai : le jour J - Encore quatre marches

Le texte

Le bout du tunnel
Là-bas, vers la lumière
Loin, vers l'espoir

Sans arrêt on avance
Dans cette sombre galerie
De taupes baroudeuses

On imagine la vie d'après
On rêve la vie d'avant
Ou l'inverse on ne sait plus

On oublie que le chemin
Fait aussi partie de la vie
Car la vie c'est maintenant

Samedi 1er mai

Pas de journaux

Le texte

Le voici le joli mois de mai

Un brin de muguet
Des clochettes à offrir

Un brin de soleil
Des rayons à s'offrir

Un brin d'espérance
Du partage à offrir
Du partage à s'offrir

Le voici le joli mois de mai

Dimanche 2 mai

<u>Les unes du jour</u>

Les syndicats déconfinés - Le retour des revendications -
Comment la crise aggrave les addictions - Plus d'âge pour
le vaccin - Une année derrière nos masques

<u>Le texte</u>

Une année derrière nos masques
Une année légèrement fantasque
Une année de fortes bourrasques
Comme un ouragan monégasque

Des lendemains enthousiasmés
Des lendemains pour se marrer
Des lendemains d'instants partagés
Comme un soleil d'été retrouvé